ANDREUCCIO DA PERUGIA

GIOVANNI BOCCACCIO

ANDREUCCIO DA PERUGIA

NOVELLA DAL DECAMERONE

EDIZIONE SEMPLIFICATA AD USO
SCOLASTICO E AUTODIDATTICO

Questa edizione, il cui vocabolario è composto
con le parole italiane più usate, è stata abbre-
viata e semplificata per soddisfare le esigen-
ze degli studenti di un livello leggermente
avanzato.

Redattóre: Ulla Malmmose

A CURA DI
Solveig Odland *Danimarca*
Pina Zaccarin Lauritzen *Danimarca*

CONSULENTI
Jorunn Aardal *Norvegia*
Herbert Friedländer *Svezia*

Design della copertina: Mette Plesner
Illustrazione della copertina: Pawel Marczak
Illustrazioni: Oskar Jørgensen

Easy Readers

EGMONT

Stampato in Danimarca da
Sangill Grafisk, Holme Olstrup

GIOVANNI BOCCACCIO

Nato nel 1313, Giovanni Boccaccio trascorse l'infanzia a Firenze e si trasferì successivamente a Napoli per ricevervi un'istruzione di tipo commerciale. L'attività a cui era destinato non risvegliò comunque in lui un grande interesse e ben presto intraprese pertanto studi di diritto e letteratura. Fra le sue prime opere sono i romanzi in versi Filostrato e Teseide, in ottava rima: il poema pastorale Ameto, e la Fiammetta, ricco di una psicologia e di un realismo che lo avvicinano alla letteratura moderna. Ma la fama del Boccaccio è legata al Decamerone, una raccolta di 100 novelle narrate da sette dame e tre cavalieri sfuggiti alla peste di Firenze e rifugiatisi in un luogo isolato della campagna circostante, dove trascorrono il tempo raccontandosi a vicenda storie a volte tragiche, a volte comiche. Gli argomenti delle novelle sono tratti da antichi motivi italiani o dai fablieux francesi, ma la prosa del Boccaccio ne ha rinnovato la freschezza e la vivacità. L'incontro con il Petrarca, avvenuto nel 1350, approfondì in lui l'interesse per gli studi umanistici, dei quali si ha una rilevante traccia nella Biografia di Dante.

Giovanni Boccaccio morì nel 1375.

C'era a Perugia un giovane il cui nome era Andreuccio di Pietro; egli vendeva e comperava cavalli e, avendo una volta sentito che Napoli *having* era un luogo molto buono per vendere e comperare, *prese* cinquecento *fiorini* e vi andò con altri *mercanti*. Prima di allora egli non era mai stato fuori del suo paese.

Arrivò a Napoli una domenica sera e il padrone dell'albergo dove era andato ad abitare *master* gli spiegò per bene quello che avrebbe dovuto fare per trovare quanto desiderava, e così la mattina dopo Andreuccio potè andare al *mercato*.

Vide molti cavalli, alcuni dei quali bellissimi, e provò allora a domandarne il prezzo, senza però riuscire a trovare quello di cui aveva bisogno. Per mostrare però che egli voleva veramente comperare cavalli e non soltanto guar-

---

prese, da prendere.
fiorino, moneta d'oro del tempo del Boccaccio.
mercante, uno che compera e vende.
mercato, luogo dove si compera e si vende.
vide, da vedere.

dare, tirò fuori più volte la *borsa* con i fiorini che aveva portato con sé, di modo che tutti la potevano vedere.

Mentre girava per la piazza con questo denaro fra le mani, accadde che una giovane *siciliana* bellissima, pronta a far felice ogni uomo a poco prezzo, gli passò vicino e vide quel denaro e subito *disse* a se stessa: Chi starebbe meglio di me se quei denari *fossero* miei? e andò avanti.

Con questa giovane stava una vecchia pure lei siciliana, la quale, quando vide Andreuccio, lasciò andare avanti la sua compagna e poi corse ad abbracciare il giovane facendogli una gran festa. La giovane donna, vedendo ciò, si mise ad aspettarla da parte, senza dire niente. Andreuccio si girò verso la vecchia e la *riconobbe* e *stettero* per un poco a parlare fra loro. Poi la vecchia gli *disse*:

– Verrò certo a trovarti in albergo prima che

borsa

---

siciliano, chi viene dalla Sicilia.
disse, da dire.
riconobbe, da riconoscere.
stettero, da stare.

tu lasci la città. – E quindi se ne andò mentre Andreuccio rimase sulla piazza per vedere altri cavalli, ma per tutta la mattina non comperò niente.

La donna, che aveva veduto prima i soldi di Andreuccio e poi la gioia della vecchia per aver incontrato il giovane, cominciò a domandare chi fosse e che cosa Andreuccio facesse in città e come lei lo conoscesse, per poter in qualche modo avere per sé tutti quei denari o almeno una parte di essi. E la vecchia le raccontò ogni cosa di Andreuccio; egli stesso non avrebbe potuto dire di più, e cioè che lei aveva vissuto a lungo in Sicilia prima e a Perugia poi con il padre di lui; poi le raccontò dove abitava e perché era venuto a Napoli.

La giovane, saputa ogni cosa della famiglia di lui, chi fosse suo padre e che cosa lui facesse in città, pensò a come riuscire ad avere quello che desiderava. E tornata a casa *diede* da fare alla vecchia, facendola lavorare tutto il giorno in modo che non avesse il tempo di tornare da Andreuccio e, presa una ragazza di casa che era molto ben preparata specialmente per questo, la mandò verso sera all'albergo dove Andreuccio abitava. La ragazza, arrivata qui, incontrò

diede, da dare.

proprio lui sulla porta e a lui domandò di Andreuccio. Egli allora *rispose* che Andreuccio era lui in persona ed essa, presolo da parte, gli disse:

– Signore, una gentil donna di questa città sarebbe felice di parlarvi, quando vi piacesse.

Sentito questo, Andreuccio ci pensò su molto e disse a se stesso che la donna si era certo innamorata di lui perché era un bel giovane, e che un altro bello come lui a Napoli forse non c'era e allora rispose che era pronto e domandò dove e quando questa donna gli volesse parlare.

Al che la ragazza rispose:

– Signore, quando vi piaccia venire, ella vi aspetta a casa sua.

Andreuccio, senza dire niente in albergo, disse: – Via dunque, cammina avanti che io ti verrò dietro fino a dove abita la tua padrona.

Perciò la ragazza lo portò a casa di quella donna, la quale abitava in una parte della città chiamata *Malpertugio*. Il nome stesso dunque dice quanto è *onesto* questo luogo. Ma Andreuccio, non conoscendo i nomi ed i posti della città, seguiva la piccola serva senza paura perché cre-

---

rispose, da rispondere.
Malpertugio, nome che vuol dire luogo piccolo e sporco.
onesto, per bene.

deva di andare in un luogo onesto e da una donna per bene. Andò quindi dietro alla giovane, entrò nella casa e salì le scale.

La serva era intanto entrata e aveva chiamato la sua signora dicendo:

– Ecco Andreuccio, – e la signora era venuta sulle scale per aspettarlo.

Ella era ancora molto giovane, alta e con un bellissimo viso, e vestiva degli abiti molto ricchi. Come Andreuccio le fu vicino essa *scese* incontro a lui con le braccia aperte e, gettatasi al collo di lui, stette per un momento senza dire nulla, come se la sua gioia fosse così forte da non lasciarle dire una sola parola. Poi, piangendo, lo baciò sulla fronte e disse:

– O Andreuccio mio, ben venuto in questa casa.

Ed egli, senza capire che cosa lei volesse, rispose:

– Signora, voi siate la ben trovata.

La donna lo prese per la mano, lo portò dentro la casa e qui, senza dir nulla, passò con lui nella sua stanza, la quale aveva il *profumo* dei fiori del giardino. Nel mezzo della stanza Andreuccio vide un bellissimo letto e tutto intorno

---

scese, da scendere.
profumo, buon odore.

tante e ricche cose d'oro e d'argento. Per cui il giovane, non conoscendo il mondo, credette che lei fosse una gran signora.

Tutti e due si sedettero ai piedi del letto e così lei cominciò a parlare:

– Andreuccio, sono sicura che tu non capisci la ragione del mio amore per te e perché io piango, poiché non mi conosci e non hai mai sentito parlare di me. Ma adesso sentirai qualcosa che ti sembrerà ancora più strano, e cioè che io sono tua sorella. E ti dico che, poiché Dio ha voluto che io ti conoscessi prima di morire, quando verrà la mia ora, morirò felice. Se tu non hai mai sentito la mia storia prima, adesso te la racconterò. Pietro, mio padre e tuo, come credo che tu sappia, abitò a lungo a Palermo dove fu molto amato perché era buono e allegro. Ma tra gli altri che l'amarono molto, mia madre, che era una gentil donna e *vedova,* fu quella che lo amò di più, tanto che dimenticò la paura che essa aveva per suo padre ed i suoi fratelli e andò a vivere con lui, e così io *nacqui* ed ora eccomi qua, come tu mi vedi.

Poi, dovendo Pietro lasciare Palermo per tornare a Perugia, lasciò me, bambina, con mia

---

vedova, donna il cui marito è morto.
nacqui, da nascere.

madre e mai – per quello che io sappia – si ricordò più né di me né di lei. Se egli non fosse stato mio padre, potrei dire che questo fu un atto veramente cattivo, se si pensa ai sentimenti da lui mostrati verso mia madre e all'amore che *shown* doveva portare a me, sua figlia, per di più non nata da una povera donna, ma da una gentile signora. Tanto più che mia madre, per il troppo amore, aveva messo se stessa e tutto ciò che essa aveva nelle mani di lui. Ma questo che cosa può voler dire ora? Delle cose mal fatte e passate da gran tempo è facile parlare ma certo non ci si può aspettare di metterle a posto come si vorrebbe. La cosa ad ogni modo andò così: nostro padre mi lasciò bambina ancora piccola in Palermo dove, cresciuta come tu mi vedi adesso, mia madre, che era una ricca signora, mi diede per moglie ad uno di *Girgenti,* uomo gentile e per bene, il quale per amore di mia madre e di me tornò a stare a Palermo. E qui cominciò in segreto ad aiutare il nostro re Carlo. Quando *secret* re Federico *venne* a sapere di ciò, noi dovemmo fuggire dalla Sicilia, proprio nel momento in cui io pensavo di diventare la prima donna dell'isola. Invece, prese le poche cose che po-

---

Girgenti, oggi Agrigento, città in Sicilia.
venne, da venire.

13

temmo prendere – dico poche se penso alle molte che avevamo – e lasciate le terre e i palazzi, fuggimmo in questa città dove avemmo prova dell'amore che re Carlo aveva per noi. Il re, infatti, ci *restituì* una buona parte di quello che avevamo perduto per amor suo, e ci diede case e terre e continua ad aiutare mio marito, che é poi tuo *cognato,* e che tu stesso potrai fra poco vedere con i tuoi occhi. Ecco perché io mi trovo qui, dove, per grazia di Dio, mio caro fratello, finalmente ti ho visto e incontrato.

Detto così cominciò di nuovo ad abbracciarlo e a baciarlo dolcemente sulla fronte.

Andreuccio stette a sentire la storia raccontata così chiaramente dalla donna: mai, neppure per un momento infatti, ella si era trovata in dubbio sulle parole da dire. Egli si ricordò anche che il padre era stato veramente per un certo tempo a Palermo, e pensò quindi che, da giovane, poteva essersi innamorato di una donna e poteva averla lasciata dopo, perché così fanno spesso i giovani, e vedendo piangere la donna a quel modo, credette che quanto ella diceva fosse vero. E quando ella ebbe finito di parlare le disse:

---

restituire, dare indietro.
cognato, marito della sorella o anche fratello della moglie di una persona.

– Signora, io non potevo pensare che voi foste al mondo, se non vi avessi incontrato ora, perché mio padre non mi parlò mai di questi fatti. Forse egli ne parlò ad altri, ma io non ne ho mai saputo nulla. E mi è tanto più caro l'avervi qui, mia dolce sorella *ritrovata,* perché io sono solo e cosa più dolce non potevo sperare. E davvero non conosco uomo così importante al quale voi non dobbiate essere cara, tanto più a me, che sono soltanto un semplice mercante. Ma una cosa sola vi prego di spiegarmi: come avete potuto sapere che io ero qui?

Ed essa rispose:

– Questa mattina me lo fece sapere una donna che è spesso da me e che ha abitato a lungo a Palermo e a Perugia con nostro padre. E se non fosse stato perché mi pareva meglio che tu venissi a casa mia, invece che io a casa tua, sarei venuta a cercarti di persona da molto tempo.

Dopo aver detto questo ella cominciò a domandare, nome per nome, di tutti i suoi *parenti* ed Andreuccio le raccontò di loro sentendosi sempre più sicuro della storia che lei gli aveva raccontato.

---

ritrovare, trovare quello che si era perduto.
parenti, le persone di una stessa famiglia.

Poiché avevano parlato a lungo e faceva molto caldo, ella fece venire del vino e del *cibo* e diede da bere e da mangiare ad Andreuccio. Dopo di ciò egli disse di voler tornare a casa perché era ora di *cena* e la donna lo guardò molto triste e gli disse:

– O povera me, che vedo come poco mi vuoi bene! Tu sei qui con tua sorella e vuoi andare via per tornare a cena nell'albergo. No: tu devi restare a cena da me. Anche se mio marito non c'è – il che mi dispiace molto – io saprò bene farti quel poco di festa che una donna sa fare.

E Andreuccio, che non sapeva cosa altro rispondere, disse:

– Voi mi siete cara quanto lo può essere una sorella, ma se non me ne vado, sarò aspettato per tutta la sera a cena, e questo è poco gentile.

Ed ella allora disse:

– Dio mio, non crederai che io non abbia in casa nessuno per mandare a dire che tu non devi essere aspettato questa sera! Potresti mandare a dire ai tuoi compagni che vengano qui a cena e quindi potreste andarvene tutti insieme allegri e contenti.

---

cibo, quello che si mangia.
cena, quello che si mangia la sera.

Andreuccio rispose che per quella sera non voleva saperne dei suoi compagni, e che ella poteva quindi fare di lui quello che voleva.

Allora la donna *fece finta* di mandare qualcuno all'albergo per dire che lui quella sera non doveva essere aspettato e poi, dopo aver ancora a lungo parlato, si *misero* a tavola, riccamente serviti di cibi e di vini. La donna continuò a parlare fino a quando diventò buio. Quando si levarono da tavola, Andreuccio voleva tornare a casa, ma essa non volle lasciarlo andare, perché Napoli non era città dove si potesse girare soli di notte. E disse ancora che quando aveva mandato a dire in albergo che non lo aspettassero per la cena, si era ricordata di dire anche che non lo aspettassero per la notte.

Andreuccio le credette e, contento di restare ancora con lei, si fermò anche dopo cena. I due avevano ancora molto da raccontarsi e fino all'una restarono a parlare. Poi essa lo lasciò solo nella stanza, con un piccolo servo pronto ad aiutarlo nel caso avesse avuto bisogno di qualcosa, e lei se ne andò nelle sue stanze con le sue serve.

---

fare finta, lasciar credere di fare qualcosa e farne invece un'altra.
misero, da mettere.

Domande

1. Chi è Andreuccio?

2. Perché Andreuccio ha tanto denaro con sé?

3. C'è qualcuno che vede quei denari?

4. Come sono le due donne che egli incontra al mercato?

5. Perché la vecchia lo conosce?

6. Cosa fa la giovane siciliana per sapere chi è Andreuccio?

7. Come fa la giovane per avere Andreuccio nella sua casa?

8. Perché Andreuccio non capisce che la donna non abita in un luogo onesto?

9. Come viene ricevuto Andreuccio nella casa della giovane siciliana?

10. Come è la stanza della donna?

11. Quale storia gli racconta la donna?

12. Perché Andreuccio non torna all'albergo quella sera?

Faceva molto caldo e Andreuccio, appena *ri-mase* solo, si levò gli abiti e mise i *pantaloni* ai piedi del letto. Poi, sentendo di aver mangiato troppo, volle uscire ad *alleggerirsi* della ricca cena, e domandò al servo dove lo potesse fare. Il ragazzo gli mostrò una porta nella stanza e gli disse:

– Andate là dentro.

Andreuccio entrò sicuro ma il suo piede <u>finì</u> *ended* sopra un pezzo di legno mal messo, di modo che si *ruppe* e tutti e due, pezzo di legno e Andreuccio, finirono col cadere sotto. Ma Dio lo amava tanto che il giovane non <u>si fece niente,</u> *became* anche se cadde da molto in alto. <u>Però</u> cadde giù nello <u>sporco</u> e ne fu in un momento dentro fino al naso. *dirty*

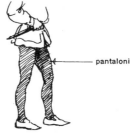

pantaloni

---

rimase, da rimanere.
alleggerire, rendere leggiero.
ruppe, da rompere.

Quel luogo si trovava, come spesso si vede, in una piccola via molto brutta, *situato* sopra due pezzi di legno fra una casa e l'altra. Uno dei pezzi fu proprio quello che cadde.

Trovandosi dunque là giù Andreuccio, dispiaciuto del suo stato, cominciò a chiamare il servo; ma il ragazzo, quando lo ebbe sentito cadere, corse a dirlo alla donna. Essa, andata alla camera di Andreuccio, cercò senza perdere tempo se ci fossero i suoi abiti e con essi i denari che il giovane portava sempre con sé. Trovato quello che cercava, ella andò dunque a chiudere la piccola porta per la quale Andreuccio era uscito e poi caduto.

Andreuccio, vedendo che il servo non gli rispondeva, cominciò a chiamare più forte, ma anche questa volta nessuno si fece sentire. Allora cominciò a pensare che quella gente voleva forse prendergli il denaro e, salito sopra il piccolo muro che chiudeva quel luogo dalla strada, scese sotto nella via e andò alla porta della casa che ormai conosceva così bene e qui chiamò inutilmente e a lungo batté alla porta perché gli aprissero. Allora il giovane, quando vide chiara la sua *sfortuna* cominciò a piangere e a dire:

---

situare, mettere.
sfortuna, il non aver fortuna.

22

– Oh, come ho fatto presto a perdere cinquecento fiorini e una sorella!

E dopo lungo piangere prese di nuovo a battere sulla porta e gridò così a lungo e tanto
forte che molti dei vicini si levarono dal letto
svegliati da quel *rumore* e una delle serve della
donna si avvicinò alla finestra e *chiese:*

– Chi batte laggiù?

– Oh, – disse Andreuccio, – non mi rico-
nosci? Sono Andreuccio, fratello di Madonna
Fiordaliso.

E la donna gli rispose:

– Buon uomo, se hai bevuto troppo, vai a
dormire e torna domani mattina. Io non conosco nessun Andreuccio e non so di quale storia tu parli. Torna dunque a casa e lasciaci
dormire.

– Come? Non sai quello che ti dico? Certo
che lo devi sapere. Ma se si è soliti fare così in
Sicilia, che si dimentica da un momento all'altro quello che si dice, dammi indietro almeno i
miei abiti, che ho lasciato nella stanza, e io me
ne andrò in pace.

E a lui, essa, quasi ridendo, disse ancora:

– Buon uomo, mi pare che tu *sogni.*

---

rumore, suono molto forte.
chiese, da chiedere.
sognare, credere di vedere mentre si dorme.

24

Detto questo tornò dentro e *chiuse* la finestra. Andreuccio, ormai sicuro della sua sfortuna, sentì tutto il suo dolore cambiarsi in una forza grandissima e si preparò a *riavere* con gli atti quello che non aveva potuto con le parole. Prese quindi una grande *pietra* e cominciò di nuovo a battere con essa alla porta.

Molta della gente che abitava lì vicino, ormai svegliata da tutto quel rumore, tornò un'altra volta alla finestra e, credendo che il giovane fosse un *malfattore* e volesse soltanto fare del male a quella donna, tutti insieme gridarono contro di lui, proprio come fanno i cani quando vedono qualcuno che non conoscono:

– Questo davvero non si deve fare, di venire a quest'ora a casa delle donne per bene a raccontare queste storie. Va' dunque con Dio e lasciaci dormire in pace. E se hai veramente qualcosa a che fare con lei, tornerai domani. Ma adesso, a quest'ora, lasciaci in pace.

pietra —————
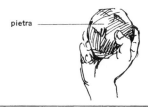

chiuse, da chiudere.
riavere, avere indietro.
malfattore, uno che fa del male agli altri.

Forse *reso* più forte da queste parole, uno che stava dentro la casa ed era amico della donna e che Andreuccio non aveva né veduto né sentito prima, venne alla finestra e con una *terribile* voce gli disse:

– Chi è là giù?

Andreuccio, nel sentire quella voce, alzò la testa e vide uno che, per quel poco che poteva vedere, mostrava di essere un uomo grande e grosso, con una *barba* nera, che pareva essersi appena levato dal letto tanto che neppure riusciva a tenere gli occhi aperti. Senza paura Andreuccio gli rispose allora:

– Io sono un fratello della donna che abita là dentro.

L'uomo non aspettò neppure che Andreuccio finisse di parlare e gridando più di prima, disse:

– Non so chi mi tenga dal venire giù e batterti tanto da lasciarti lì come morto, matto

barba

---

reso, da rendere.
terribile, che dà paura.

ubriaco che sei. Hai forse deciso di non lasciarci dormire questa notte?

E tornato dentro, chiuse di nuovo la finestra.

Alcuni dei vicini, che conoscevano meglio quell'uomo, dissero allora ad Andreuccio:

– Per Dio, brav'uomo, vattene, non aspettare di essere ucciso a questo modo. Vattene e sarà meglio.

Allora Andreuccio, pieno di paura per la voce e la faccia di quell'uomo e sicuro che gli altri parlassero così per aiutarlo, *decise* di ritornare all'albergo, molto triste in cuor suo per il denaro perduto. Però non voleva ritornare all'albergo così sporco e pieno di cattivo odore e quindi prese una via a sinistra, chiamata la Ruga Catalana, per scendere verso il mare e lavarsi un poco.

Mentre camminava per quella strada, vide arrivare due uomini che tenevano in mano una *lanterna*. Andreuccio, credendo che i due faces-

lanterna

---

ubriaco, che ha bevuto troppo.
decise, da decidere.

sero parte della famiglia dalla quale era appena *fuggito* o fossero due malfattori, si *nascose* dentro una vecchia casa aspettando che quelli fossero lontani. Ma i due uomini non andarono avanti: si fermarono proprio nella casa dove si era nascosto Andreuccio e, appena entrati, uno dei due mise per terra degli strani pezzi di ferro che aveva con sé. Poi cominciarono a guardare in ogni punto della stanza.

E mentre parlavano, disse uno:

– Cosa vuol dire questo? Sento un odore così cattivo che mi sembra di non averne mai sentito di *peggiori*.

Detto questo alzò la lanterna e vide Andreuccio.

I due, che avevano creduto di entrare in una casa dove non c'era nessuno, gli chiesero chi fosse ma egli, pieno di paura, non rispose. Allora gli andarono più vicino e glielo domandarono un'altra volta e Andreuccio raccontò quanto era accaduto. Questi, credendo di sapere dove ciò poteva essere accaduto, dissero fra sé:

– Certo tutto questo è successo in casa di Scarabone Buttafuoco. E ad Andreuccio dissero:

– Buon uomo, devi dire grazie a Dio del modo

---

fuggire, correre via.
nascose, da nascondere.
peggiore, più cattivo.

con cui hai perduto i tuoi denari perché hai
avuto la fortuna di cadere in un posto dal quale
non hai potuto rientrare in quella casa. Se tu
non fossi finito là dentro, saresti certo stato ucciso non appena a letto. E allora non avresti
solo perduto i tuoi denari, ma anche la vita.
Ma ora, a che serve piangere? E a che serve
gridare? Se tu andrai a raccontare a tutti quello che è successo, verrai certo ucciso da quel-
l'uomo.

Dopo aver quindi parlato un poco fra loro,
continuarono:
— Come vedi, a noi dispiace quanto ti è suc-

cesso, e ti diamo ora il modo di *riprenderti* almeno in parte quanto hai perduto.

Andreuccio rispose subito che era pronto a fare come i due dicevano.

Quel giorno era morto un *arcivescovo* di Napoli chiamato Filippo Minutolo ed era stato messo nella *tomba* con molti ori e un rosso *rubino* al dito che costava più di cinquecento fiorini. E i due volevano proprio andare a prendere queste cose al morto. Andreuccio, pensando di aver trovato un facile modo per prendersi di nuovo i denari che aveva perduto, andò subito con loro.

Mentre camminavano verso la chiesa maggiore i due malfattori dissero fra sé che Andreuccio mandava un odore troppo forte e quindi uno di essi disse:

---

riprendere, prendere di nuovo.

tomba

arcivescovo

rubino

– Non potremmo trovare il modo di farlo lavare un poco così che l'odore vada via?

Al che l'altro rispose:

– Certo, ora siamo vicini ad un *pozzo* che ha di solito una *carrucola* e il *secchio*. Potremmo andarci e mandare giù Andreuccio perché si lavi un po'.

Giunti a questo pozzo trovarono che la *fune* c'era ma il grosso secchio era stato portato via. Allora decisero di farlo scendere giù loro stessi con la fune. Non appena Andreuccio nel pozzo si fosse lavato, avrebbe dovuto tirare la fune ed essi lo avrebbero fatto salire di nuovo.

Appena però i due ebbero fatto scendere Andreuccio nel pozzo, cominciarono ad arrivare i soldati del signore della città i quali, sia perché faceva molto caldo, sia perché avevano dovuto correre dietro a qualcuno, venivano al pozzo per bere.

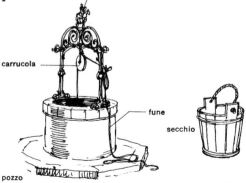

carrucola

fune

secchio

pozzo

Appena i due videro arrivare tutti i soldati, fuggirono via subito mentre Andreuccio, giù nel pozzo, tirava la fune perché aveva finito proprio allora di lavarsi. I soldati misero per terra le *armi* e cominciarono a tirare la fune credendo che alla fine di essa ci fosse il secchio pieno d'acqua. Andreuccio, appena arrivò su, lasciò la fune e con le mani si *afferrò* al muro del pozzo e i soldati, nel vedere ciò, furono sul punto di morire di paura e fuggirono via.

Il povero Andreuccio sarebbe certo caduto di nuovo giù se non fosse subito salito sul muro del pozzo. Naturalmente non capiva perché quella gente fuggisse via e ancora più si domandò cosa volessero dire tutte quelle armi che i suoi compagni certo non avevano portato. Senza toccare niente, ma piangendo di quella che egli credeva una sfortuna, Andreuccio tornò sulla strada senza sapere dove andava.

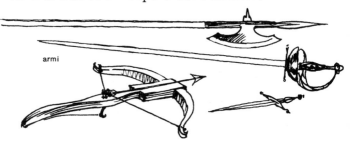

armi

---

afferrare, prendere con forza.

3 Andreuccio da Perugia

Domande

1. Che cosa fa Andreuccio quando rimane solo?
2. In quale luogo esce Andreuccio e perché cade giù?
3. Che cosa fa per poter entrare di nuovo in casa?
4. Che cosa fa la donna appena Andreuccio è caduto?
5. Che cosa dice la donna che viene alla finestra?
6. Cosa fa la gente del Malpertugio?
7. Chi viene alla finestra di quella casa la seconda volta?
8. Perché Andreuccio lascia finalmente quel luogo?
9. Chi incontra per la strada?
10. Che vogliono fare i due malfattori?
11. Perché Andreuccio, prima di andare con loro alla chiesa, deve lavarsi?
12. Come fa Andreuccio per lavarsi?
13. Perché i due compagni fuggono via?
14. Cosa fanno i soldati al pozzo?
15. Perché anch'essi fuggono via?

3

Così camminando finì con l'incontrare i due amici che venivano al pozzo per tirarlo su. Come lo videro, subito gli domandarono chi lo avesse aiutato ad uscire dal pozzo, ma Andreuccio rispose che proprio non lo sapeva. Furono allora i due a spiegargli come erano andate le cose e ridendo gli dissero perché erano fuggiti via così e come erano stati proprio dei soldati ad aiutarlo a salire in modo che tutti e tre ora potevano andare alla tomba dell'arcivescovo.

Quindi, senza più far parole, essendo già mezzanotte, presero la via della chiesa maggiore e vi entrarono molto facilmente, poi *raggiunsero* la tomba, che era molto grande e di pietra e, con i loro *ferri*, alzarono il *coperchio* in modo che un uomo vi potesse entrare.

Fatto questo, cominciarono a chiedersi chi dovesse entrare. L'uno disse:

– Non certo io, – e l'altro:

– Neppure io, – e si voltarono verso Andreuccio. Ma egli disse: – Questo io non lo farò di certo. – Ma i due, andandogli più vicino, gli dissero:

---

raggiunsero, da raggiungere.
coperchio, parte che chiude la tomba.

– Come non entrerai? Se provi a dirlo un'altra volta ti daremo tanti di questi pezzi di ferro sulla testa da farti cadere morto.

Andreuccio, pieno di paura, non trovò altro da dire e vi entrò ma mentre faceva questo pensava:»Essi mi fanno entrare per prendersi tutto, perché, quando io avrò dato loro ogni cosa, mentre cercherò di uscire dalla tomba, se ne andranno con tutti gli ori e a me non resterà nulla».

E perciò decise di prendersi subito una parte dell'oro e, ricordandosi dell'*anello* di cui i due avevano parlato, scese più giù nella tomba e subito lo levò dal dito dell'arcivescovo e se lo mise, e poi diede tutto il resto ai due che stavano fuori.

I due gli dissero che ci doveva essere ancora l'anello, e che cercasse bene intorno ma Andreuccio rispondeva di non trovarlo e, lasciando loro credere che cercava qua e là, li *tenne* molto tempo ad aspettare.

Essi, che avevano capito bene cosa aveva fatto Andreuccio, gli dissero allora di cercare ancora una volta e mentre Andreuccio faceva finta di guardare qua e là, tirarono via il pezzo di ferro che teneva aperta la tomba e fuggirono via con tutti gli ori, lasciandovi dentro Andreuccio.

Si può ben capire che cosa provò e a che cosa pensò Andreuccio appena vide di essere chiuso

anello

---

tenne, da tenere.

là dentro. Cercò più volte, con la testa e con le spalle, di alzare il coperchio, ma tutto era inutile. Fu preso da un dolore così grande che non poté più tenersi in piedi e cadde sopra il corpo morto dell'arcivescovo tanto che non si sarebbe potuto capire se fosse più morto lui o l'arcivescovo stesso.

Ma quando tornò in sé di nuovo, cominciò a piangere pensando che sarebbe morto lì dentro di *fame*, fra l'odore che già usciva fuori dal corpo dell'arcivescovo o, se qualcuno fosse venuto ad aprire e lo avesse trovato dentro, di essere mandato alla *forca* come un malfattore.

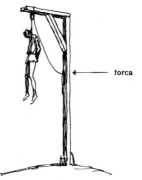

forca

Mentre piangeva su questi pensieri, sentì della gente camminare nella chiesa e sentì delle voci e capì da esse che era qualcuno che veniva alla tomba per fare quello che lui già aveva fatto

---

fame, bisogno di mangiare.

con i suoi compagni: e la sua paura divenne ancora più forte.

Ma quando ebbero aperto la tomba, cominciò ancora una volta il problema di chi dovesse entrare, perché nessuno voleva farlo.

Allora, dopo averne parlato per un pezzo, un *prete* disse:

prete

– Che paura avete? Credete dunque che egli vi mangi? I morti non mangiano gli uomini e io vi entrerò senza paura.

Detto così, mise le gambe dentro la tomba per scendervi giù. Andreuccio, vedendo questo, si alzò in piedi e prese il prete per una gamba come se volesse tirarlo giù. Il prete, sentendo ciò, diede in un forte grido e si gettò fuori dalla tomba. Gli altri furono presi da una terribile paura e, senza pensare a chiudere la tomba, fuggirono via.

Andreuccio, più che mai contento, si gettò fuori dalla tomba e uscì per la stessa strada da cui era venuto.

Si faceva ormai giorno e, con l'anello al dito, arrivò verso il mare e trovò quindi il suo albergo dove i compagni ancora lo aspettavano molto in pensiero per lui. Ad essi Andreuccio raccontò quanto gli era successo e il padrone dell'albergo gli disse di mettersi subito in viaggio e di lasciare Napoli.

Così fece e tornò a Perugia con un anello di rubini mentre invece aveva lasciato la sua città per andare a comperare cavalli.

Domande

1. Chi incontra Andreuccio dopo che è uscito dal pozzo?

2. Cosa fanno i tre compagni nella chiesa?

3. Perché nessuno vuole entrare nella tomba?

4. Che cosa fa Andreuccio nella tomba?

5. Cosa fanno i due quando vedono che Andreuccio vuole tenersi l'anello?

6. Perché Andreuccio viene preso dalla paura quando resta solo nella tomba?

7. Chi viene nella chiesa questa volta?

8. Che cosa vogliono fare?

9. Che cosa succede quando il prete cerca di entrare nella tomba?

10. Quale è la fortuna di Andreuccio?

11. Che cosa gli dice il padrone dell'albergo quando egli ritorna?